Das neue Deutschmobil 1

Lehrwerk für Kinder und Jugendliche

Wörterheft

Jutta Douvitsas-Gamst

Sigrid Xanthos-Kretzschmer

Eleftherios Xanthos

Ernst Klett Sprachen
Stuttgart

Das neue Deutschmobil 1

Lehrwerk für Kinder und Jugendliche
Wörterheft

Autoren: Jutta Douvitsas-Gamst, Müllrose; Sigrid Xanthos-Kretzschmer, Athen

1. Auflage   1 ¹⁴ ¹³ ¹² | 2020 19 18

Alle Drucke dieser Auflage können nebeneinander benutzt werden, sie sind untereinander unverändert. Die letzte Zahl bezeichnet das Jahr des Druckes.

Nach der neuen Rechtschreibung (Stand: August 2006)

Internet: www.klett-sprachen.de

Redaktion: Melanie Kieß, Nicole Nolte
Layout: Andreas Kunz
Illustrationen: Eleftherios Xanthos, Athen
Satz: Regina Krawatzki, Stuttgart
Druck: Elanders GmbH, Waiblingen

ISBN: 978-3-12-676103-1

9 783126 761031

Inhaltsverzeichnis

LEKTION 1

Tiere und internationale Wörter

das **Kạnguru**, -s

der **Lọ̈we**, -n

die **Mọ̈we**, -n

die **Maus**, Mäuse

die **Biene**, -n

der **Bụ̈ffel**, -

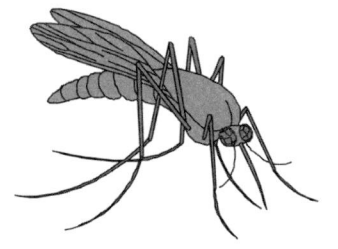

die **Mụ̈cke**, -n

der **Hai**, -e

der **Papagei**, -en

die **Eule**, -n

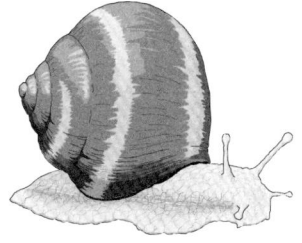

die **Schnẹcke**, -n

der **Hạmster**, -

das **Pferd**, -e

der **Jaguar**, -e

der **Drache**, -n

der **Specht**, -e

die **Qualle**, -n

der **Frosch**, Frösche

der **Strauß**, -e

der **Vogel**, Vögel

der **Teddy**, -s

das **Zebra**, -s

das **Wasser**

der **Wald**, Wälder

der **Z<u>oo</u>**, -s

die **Ananas**, -

das **Ball<u>e</u>tt**, -e

die **Ban<u>a</u>ne**, -n

der **B<u>a</u>sketball**, -bälle

das **B<u>o</u>xen**

der **F<u>uß</u>ball**, -bälle

die **Git<u>a</u>rre**, -n

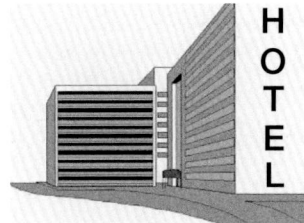

das **Hot<u>e</u>l**, -s

der **K<u>a</u>ffee**

die **K<u>a</u>mera**, -s

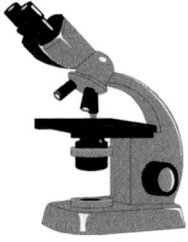

das **Mikrosk<u>o</u>p**, -e

die **Musik**

das **Piano**, -s

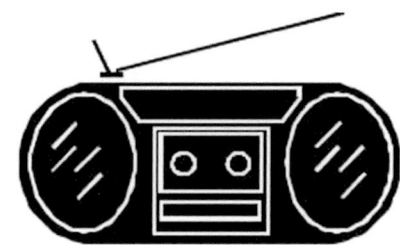

das **Radio**, -s

der **Salat**, -e

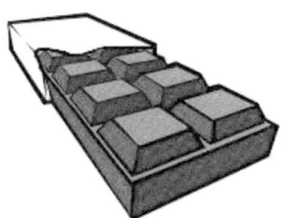

die **Schokolade**, -n

das **Taxi**, -s

das **Telefon**, -e

das **Tennis**

die **Violine**, -n

der **Tourist**, -en

der **Sportler**, -

die **Biologin**, -nen

der **Musiker**, -

die **Kassette**, -n

das **Spiel**, -e

das ABC

A	B	C	D	E	F	G	H	I	J	K	L	M	N	O	P	Q	R	S	T	U	V	W	X	Y	Z
a	b	c	d	e	f	g	h	i	j	k	l	m	n	o	p	q	r	s	t	u	v	w	x	y	z

LEKTION 2

Begrüßen und verabschieden

1 **gut**   Guten Tag!

   der **Tag**, -e

   der **Morgen**, -

   hallo   Hallo! Guten Tag!

   der **Abend**, -e

   grüezi   Grüezi! Guten Tag!

   grüßen, grüßt   Grüß dich! Guten Tag!

   servus   Servus! Hallo! Tschüs!

tschüs

Auf Wiedersehen!   Auf Wiedersehen! Tschüs!

der **Käpten**, -

die **Nacht**, Nächte

3 die **Lösung**, -en   Die Lösung ist „Auf Wiedersehen".

Schlaumeier-Rap

7 der **Rap**, -s   Der Rap ist Musik.

sein, ist

  ich bin   Ich bin Bello.

  du bist   Wer bist du?

  sie sind   Sie sind die Schlaumeier.

hier   Hier sind die Schlaumeier.

und   Bello, Rita, Rosa und Turbo sind

    die Schlaumeier.

wer   Wer bist du?

der **Herr**, -en   Hier ist Herr Schlau.

die **Frau**, -en   Hier ist Frau Schlau.

heißen, heißt   Ich heiße Milli.

wie   Wie heißt du?

9a **nein**   Bist du Willi? – Nein, ich bin Milli.

ja   Bist du Rita? – Ja, ich bin Rita.

10 **das**   Das ist Willi.

11 **Wie geht's?** → g**e**hen — Wie geht's, Willi? — _____

danke — Wie geht's? – Danke, gut. 😊 — _____

prima — Wie geht's? – Danke, prima! 🙂 — _____

schlecht — Wie geht's? – Schlecht. 🙁 — _____

13 **l**ernen, l**e**rnt — Ich lerne das ABC. — _____

15 der **Qu**atsch — Ach, Quatsch! — _____

LEKTION 3

Freizeit und Hobbys

1 **s**ie (Sg.) — Sie heißt Milli. — _____

tanzen, t**a**nzt — Sie tanzt Tango. — _____

hören, h**ö**rt — Ich höre Musik. — _____

spielen, sp**ie**lt — Sie spielt Fußball. Er spielt Gitarre. — _____

er — Er heißt Herr Schlau. — _____

malen, m**a**lt — Er malt. — _____

schwimmen, schw**i**mmt — Turbo schwimmt. — _____

computern, comp**u**tert — Ich computere. — _____

machen, m**a**cht — Er macht Musik. — _____

das **Kar**ate — Ich mache Karate. — _____

reiten, r**ei**tet — Dixi reitet. — _____

2 **w**as — Was macht Milli? — _____

4 die **N**ummer, -n — Wer ist Nummer eins? – Milli. — _____

5 die **Z**ahl, -en — Sie spielen Zahlen-Bingo. — _____

8 **telefon**ieren, telefon**ie**rt — Ich telefoniere. — _____

klettern, kl**e**ttert — Er klettert. — _____

die **P<u>a</u>rty**, -s	Ich mache eine Party.	_____
sk<u>a</u>ten, sk<u>a</u>tet	Tim skatet.	_____
g<u>e</u>hen, g<u>e</u>ht	Ich gehe.	_____
das **K<u>i</u>no**, -s	Sie geht ins Kino.	_____
r<u>a</u>ten, r<u>ä</u>t	Ratet mal! Was mache ich gern?	_____
g<u>e</u>rn	Du malst gern.	_____
f<u>a</u>lsch	Nein, falsch!	_____
r<u>i</u>chtig	Ja, richtig!	_____
9 **<u>o</u>der**	Was machst du gern? Reiten oder	
	tanzen?	_____
14 **<u>au</u>ch**	Ich schwimme gern. Du auch?	_____
Comic **<u>a</u>lso**	Also, er heißt Rocco.	_____
d<u>o</u>ch	Nein, er heißt doch Ricco!	_____
<u>a</u>ber	Ich tanze gern, aber ich höre auch	
	gern Musik.	_____

Zahlen

0	n<u>u</u>ll	… drei, zwei, eins, null, Start!
1	<u>ei</u>ns	•
2	zw<u>ei</u>	
3	dr<u>ei</u>	
4	v<u>ie</u>r	
5	fünf	

6	s<u>e</u>chs	
7	s<u>ie</u>ben	
8	<u>a</u>cht	
9	n<u>eu</u>n	
10	z<u>e</u>hn	

LEKTION 4

Familie Härtel

1 die **Familie**, -n — Das ist Familie Härtel. _____

die **Großeltern** (Pl.) — Die Großeltern heißen Karin und _____

Klaus Härtel. _____

der **Opa**, -s — Klaus ist der Opa. _____

der **Großvater**, -väter — Der Großvater heißt auch Opa. _____

die **Oma**, -s — Die Oma heißt Karin. _____

die **Großmutter**, -mütter — Die Großmutter heißt auch Oma. _____

die **Tante**, -n — Nina ist die Tante. _____

der **Onkel**, - — Leo ist der Onkel. _____

die **Eltern** (Pl.) — Die Eltern heißen Vera und Stefan. _____

der **Vater**, Väter — Der Vater heißt Stefan. _____

die **Mutter**, Mütter — Die Mutter heißt Vera. _____

die **Tochter**, Töchter — Jule ist die Tochter. _____

der **Sohn**, Söhne — Jan ist der Sohn. _____

die **Schwester**, -n — Jule ist die Schwester von Jan. _____

der **Bruder**, Brüder — Jan ist der Bruder von Jule. _____

das **Schaf**, -e

_____

das **Huhn**, Hühner

_____

der **Hund**, -e

_____

3 **von** — Der Hund von Laura heißt Wauzi. _____

sie (Pl.) — Oma und Opa hören Musik. Sie

tanzen. _____

12

4 das **Schwein**, -e

_____

_____

5 **ein**, **eine**

Ein Mann, ein Kind und eine Frau

_____

spielen Fußball.

_____

der **Mann**, Männer

Opa ist der Mann von Oma.

_____

das **Mädchen**, -

Jule ist ein Mädchen.

_____

der **Junge**, -n

Jan ist ein Junge.

_____

das **Kind**, -er

Ich bin das Kind von Mama und

_____

Papa.

_____

6 der **Computer**, -

Das ist der Computer von Papa.

_____

die **CD**, -s

Ich höre eine CD. Die Musik ist

_____

prima.

_____

die **Katze**, -n

_____

_____

der **Tennisball**, -bälle

Ich spiele Tennis. Das ist der

_____

Tennisball.

_____

Besuch bei Oma

7 der **Besuch**, -e

Der Besuch bei Oma ist prima.

_____

bei

Ich bin gern bei Oma.

_____

9 das **Foto**, -s

Das ist ein Foto von Mama und

_____

Papa.

_____

dein, **deine**

Wie heißt dein Bruder? Wie heißt

_____

deine Schwester?

_____

mein, **meine**

Mein Bruder heißt Alexander.

_____

Meine Schwester heißt Laura.

_____

Familien in Berlin

12 das **Hobby**, -s   Ich skate gern. Skaten ist mein

Hobby.

wohnen, wohnt   Hier wohne ich.

in   Familie Berg wohnt in Berlin.

Sport machen   Ich mache Sport. Ich spiele Tennis.

lange   Ich telefoniere gern und lange.

dort   Das ist Berlin. Dort wohne ich.

oft   Frau Berg geht oft ins Kino.

viele (Pl.)   Hier spielen viele Kinder.

sehr   Er spielt sehr gut Tennis.

die **Tänzerin**, -nen   Franziska tanzt Ballett. Sie ist

Tänzerin.

Comic **da**   Da ist Herr Schlau.

schon wieder   Ich bin schon wieder bei Oma.

das **Schloss**, Schlösser   Das ist Schloss Morgenstein.

der **König**, -e   Der König und die Königin wohnen

die **Königin**, -nen   in Schloss Morgenstein.

Hilfe!   Hilfe! Eine Maus!

LEKTION 5

Deutschland, Österreich und die Schweiz

1	Deutschland	München ist in Deutschland.	_____
	Österreich	Wien ist in Österreich.	_____
	die Schweiz	Zürich ist in der Schweiz.	_____
	alt	Die Großmutter ist alt.	_____
	das Jahr, -e	Ich bin 10 Jahre alt.	_____
	das Fahrrad, Fahrräder	Mein Fahrrad ist prima.	_____
	fahren, fährt	Ich fahre gern Fahrrad.	_____
	lesen, liest	Sie liest gern Comics.	_____
	der Ski, -er	Sie fährt in Österreich Ski.	_____
	das Klavier, -e	Ich mache gern Musik. Ich spiele Klavier.	_____
3	wo	Wo ist Wien? – In Österreich.	_____
	die Frage, -n	Eine Frage: Wie alt bist du?	_____
	die Antwort, -en	Die Antwort ist richtig!	_____
4	liegen, liegt	Wien liegt in Österreich.	_____
7	da	Ist da nicht Willi? – Nein, hier ist Milli.	_____
	nicht	1 und 1 ist nicht 3.	_____
8	woher	Woher bist du?	_____
	kommen, kommt	Woher kommst du?	_____
	das Auto, -s	Das Auto fährt.	_____
	aus	Das Auto kommt aus Berlin.	_____
	es	Das Auto ist prima. Es kommt aus Zürich.	_____
9	der Pirat, -en	Störtebeker ist ein Pirat.	_____
	der Star, -s	Sie ist ein Star aus Hollywood.	_____

singen, singt   Ich spiele Gitarre und sie singt.   _____

Zahlen

10	zehn	20	zwanzig	30	dreißig
11	elf	21	einundzwanzig	40	vierzig
12	zwölf	22	zweiundzwanzig	50	fünfzig
13	dreizehn	23	dreiundzwanzig	60	sechzig
14	vierzehn	24	vierundzwanzig	70	siebzig
15	fünfzehn	25	fünfundzwanzig	80	achtzig
16	sechzehn	26	sechsundzwanzig	90	neunzig
17	siebzehn	27	siebenundzwanzig	100	hundert
18	achtzehn	28	achtundzwanzig		
19	neunzehn	29	neunundzwanzig		

Das ist meine Stadt

10 die **Stadt**, Städte   Berlin ist eine Stadt.   _____

die **Kirche**, -n   Die Kirche hier ist der   _____

Stephansdom in Wien.   _____

das **Schiff**, -e   Das ist das Schiff von Störtebeker.   _____

der **Platz**, Plätze   Der Alexanderplatz ist in Berlin.   _____

der **Zug**, Züge   Da fährt ein Zug.   _____

der **Hafen**, Häfen   Das ist der Hafen von Hamburg.   _____

die **Kutsche**, -n   In Österreich heißt die Kutsche   _____

Fiaker.   _____

der **Fluss**, Flüsse   Der Rhein ist ein Fluss.   _____

die **Brücke**, -n   Da ist die Brücke.   _____

ger__a__de	Da fährt gerade ein Zug.	
s__e__hen, s__ie__ht	Siehst du das Schiff da?	
h__i__nten	Da hinten siehst du das Schloss.	
v__o__rn	Da vorn fährt ein Taxi.	
Comic **d__e__nn**	Wo sind denn die Schiffe?	
__i__mmer	Ich spiele immer gern Fußball.	
der **__Eu__ro**, -s	100 Cent sind ein Euro.	
die **Pers__o__n**, -en	Rita, Rosa und ich, das sind drei Personen.	
__a__lle	Alle fahren Fahrrad.	

LEKTION 6

Das Haus von Familie Frosch

1 das **H__au__s**, H__äu__ser	Das ist das Haus von Familie Frosch.	
das **K__i__nderzimmer**, -		
das **Schl__a__fzimmer**, -		
das **B__a__dezimmer**, -		
das **W__o__hnzimmer**, -		
die **K__ü__che**, -n		

das **E̲sszimmer**, -		_____
		_____
du̲schen, du̲scht	Ich dusche im Badezimmer.	_____
das **Li̲ed**, -er	Du singst das ABC-Lied.	_____
si̲tzen, si̲tzt	Oma sitzt gern im Wohnzimmer.	_____
i̲m	Der Tisch ist im Esszimmer.	_____
der **Se̲ssel**, -	Ich sitze gern im Sessel.	_____
die **Ze̲itung**, -en	Meine Eltern lesen Zeitung.	_____
tri̲nken, tri̲nkt	Oma trinkt gern Kaffee.	_____
a̲m	Opa sitzt am Tisch.	_____
die **Ha̲usaufgabe**, -n	Meine Hausaufgaben mache ich	_____
	im Kinderzimmer.	_____
der **Ti̲sch**, -e	Der Tisch ist im Esszimmer.	_____
e̲ssen, i̲sst	Wir essen im Esszimmer.	_____
die **Pi̲zza**, -s	Er isst gern Pizza.	_____
die **Li̲mo**, -s	Er trinkt gern Limo.	_____
ko̲chen, ko̲cht	Opa kocht gern.	_____
he̲ute	Aber heute kocht Oma.	_____
das **E̲ssen**, -	Oma kocht das Essen.	_____
die **Spage̲tti** (Pl.)	Spagetti esse ich gern.	_____
das **Be̲tt**, -en	Dein Bett ist im Schlafzimmer.	_____
2 die **Du̲sche**, -n	Die Dusche ist im Badezimmer.	_____
das **Bu̲ch**, Bü̲cher	Ich lese gern ein Buch.	_____
		_____
der **Fe̲rnseher**, -	Der Fernseher von Familie Frosch	
	ist im Esszimmer.	_____

Zu Besuch im SOS-Kinderdorf Wienerwald

3	das **K̲i̲nderdorf**, -dörfer	Franziska wohnt im Kinderdorf.
	g̲e̲ben, g̲i̲bt	Heute gibt es Spagetti.
	in der g̲a̲nzen W̲e̲lt	In der ganzen Welt gibt es Kinder.
	l̲e̲ben, l̲e̲bt	Franziska lebt in Österreich.
	ü̲ber	Im SOS-Kinderdorf Wienerwald leben über 100 Kinder.
	f̲i̲nden, f̲i̲ndet	Wo ist Willi? Findest du Willi?
	n̲e̲u̲	Das Fahrrad ist nicht neu, es ist alt.
	j̲e̲der, j̲e̲des, j̲e̲de	Jedes Kind spielt gern.
4	das **Z̲i̲mmer**, -	Hier wohne ich. Das ist mein Zimmer.
	der **G̲a̲rten**, G̲ä̲rten	Sie spielen im Garten Fußball.
5a	**i̲hr**	Geht ihr ins Kino?
	zus̲a̲mmen	Oder macht ihr zusammen Hausaufgaben?
	w̲i̲r	Wir gehen zusammen ins Kino.
	der **F̲i̲lm**, -e	Oder wir sehen Filme im Fernsehen.
5b	**schl̲a̲fen**, schl̲ä̲ft	Franziska schläft im Kinderzimmer.

Das Zimmer von Willi Frosch

6a	**t̲o̲ll**	Dein Fahrrad ist toll.
	k̲e̲i̲ne, k̲e̲i̲ne	Ein Sessel ist kein Bett.
	das **Reg̲a̲l**, -e	Das Regal ist im Wohnzimmer.
	die **L̲a̲mpe**, -n	Die Lampe ist im Wohnzimmer.

fantastisch	Das Essen ist fantastisch.	
6b der **Stuhl**, Stühle	Der Stuhl ist im Esszimmer.	
die **Kommode**, -n	Die Kommode ist im Schlafzimmer.	
der **Teppich**, -e	Der Teppich liegt im Wohnzimmer.	
die **Bank**, Bänke	Im Garten ist eine Bank.	
die **Uhr**, -en	In der Küche ist eine Uhr.	
der **Schrank**, Schränke	Wo sind die Spagetti? – Sie sind im Schrank.	
die **Badewanne**, -n	Die Badewanne ist im Badezimmer.	
das **Sofa**, -s	Das Sofa und der Sessel sind im Wohnzimmer.	

Wohnungsmarkt

8 **suchen**, sucht	Ich suche die Zeitung. Wo ist sie?	
die **Wohnung**, -en	Die Wohnung von Oma ist in Berlin.	
der **Balkon**, -s/-e	Wir suchen eine Wohnung mit Balkon.	
der **Keller**, -	Mein Fahrrad ist im Keller.	
die **Garage**, -n	Das Auto ist in der Garage.	
das **Erdgeschoss**, -e	Das Wohnzimmer und die Küche sind im Erdgeschoss.	
Comic die **Torte**, -n	Bello isst gern Torte.	
das **Stück**, -e	Er isst ein Stück Torte.	

Herzlichen Glückwunsch!

LEKTION 7

Schulsachen

1 die **Sch**u**lsachen** (Pl.)	Hier sind meine Schulsachen.	_____
das **H**e**ft**, -e	Das ist mein Heft.	_____
der **F**ü**ller**, -	Das ist mein Füller.	_____
der **Bl**o**ck**, Blöcke	Ich male gern. Wo ist mein Block?	_____
der **Bl**ei**stift**, -e	Mein Bleistift ist neu.	_____
der **O**rdner, -	Der Ordner ist im Regal.	_____
die **Br**i**lle**, -n	Das ist die Brille von Oma.	_____
der **Rad**ie**rgummi**, -s	Das ist falsch. Wo ist mein Radiergummi?	_____
der **Kl**e**bstoff**	Da ist der Klebstoff.	_____
der **B**u**ntstift**, -e	Ich male. Wo ist mein Buntstift?	_____
der **K**u**li**, -s	Das ist mein Kuli.	_____
die **Br**o**tdose**, -n	Hier ist meine Brotdose. Ich esse.	_____
der **P**i**nsel**, -	Ich male gern. Wo ist mein Pinsel?	_____
die **Sch**e**re**, -n	Hier ist die Schere.	_____
das **T**u**rnzeug**	Hier ist mein Turnzeug. Ich mache Sport.	_____
das **Pap**ie**r**, -e	Das Papier ist im Ordner.	_____
das **M**ä**ppchen**, -	Die Buntstifte sind im Mäppchen.	_____
die **Sch**u**ltasche**, -n	Das Mäppchen ist in der Schultasche.	_____
der **Sp**i**tzer**, -	Mein Buntstift malt nicht. Wo ist mein Spitzer?	_____
der **M**a**lkasten**, -kästen	Der Pinsel liegt im Malkasten.	_____
das **Lin**ea**l**, -e	Das ist mein Lineal.	_____

Farben und Eigenschaften

3 die **Farbe**, -n   Im Malkasten sind viele Farben.   _____

rot ☐   Der Radiergummi ist rot.   _____

blau ☐   Das Wasser ist blau.   _____

grün ☐   Willi Frosch ist grün.   _____

gelb ☐   Die Banane ist gelb.   _____

braun ☐   Schokolade ist braun.   _____

orange ☐   Das Mäppchen ist orange.   _____

schwarz ■   Der Fußball ist schwarz und weiß.   _____

weiß ☐   Das Papier ist weiß.   _____

grau ▨   Die Maus ist grau.   _____

rosa ☐   Das Schwein ist rosa.   _____

lila ☐   Die Brotdose ist lila.   _____

4 **klein**   Eine Mücke ist klein.   _____

groß   Ein Pferd ist groß.   _____

dünn   Die Ballett-Tänzerin ist dünn.   _____

dick   Der Büffel ist groß und dick.   _____

kurz   Kurz ist nicht lang.   _____

lang   Der Zug ist lang.   _____

rund   Der Fußball ist rund.   _____

eckig   Die Brotdose ist eckig.   _____

leicht   Eine Mücke ist leicht.   _____

schwer   Ein Auto ist schwer.   _____

die **Sache**, -n   Deine Sachen liegen hier.   _____

5 auf **Deutsch**   Wie heißt das auf Deutsch?   _____

Willis Schulsachen-Rätsel

6 das **Rätsel**, -   Ein Rätsel ist ein Ratespiel.   _____

   das **Dingsda**, -s   Mein Dingsda ist grün. Was ist das?   _____

   schreiben, schreibt   Ich schreibe im Heft.   _____

Der Ausflug

7 der **Ausflug**, Ausflüge   Wir machen einen Ausflug auf   _____

                               Schloss Morgenstein.   _____

   der **Ball**, Bälle   Der Ball ist rund.   _____

   das **Schwimmzeug**   Ich schwimme gern. Das ist mein   _____

                               Schwimmzeug.   _____

   die **Cola**, -s   Hannah trinkt eine Cola.   _____

8 **wollen**, will   Ich will lesen. Wo ist mein Buch?   _____

   brauchen, braucht   Ich will schreiben. Ich brauche   _____

                               mein Heft.   _____

9 **haben**, hat   Oma hat eine Brille.   _____

Hobbyschulen

10 die **Schule**, -n   Die Kinder sind in der Schule.   _____

   üben, übt   Ich übe oft Klavier.   _____

   das **Orchester**, -   Ein Orchester macht Musik.   _____

   die **Lehrerin**, -nen   Frau Fischer ist meine   _____

                               Musiklehrerin.   _____

   das **Instrument**, -e   Das Klavier ist ein Instrument.   _____

   das **Konzert**, -e   Ein Orchester macht Konzerte.   _____

   das **Fest**, -e   Ich mache ein Fest. Kommst du?   _____

der **Lehrer**, -	Mein Reitlehrer heißt Herr Kranz.	_____
das **Schwimmbad**, -bäder	Ich will schwimmen. Wo ist das Schwimmbad?	_____
der **Maler**, -	Ein Maler braucht Papier, Pinsel und Farbe.	_____
das **Thema**, **Themen**	Was ist das Thema?	_____
Comic **keinen Sinn haben**	Das ist Quatsch. Das hat keinen Sinn.	_____
bringen, bringt	Paul bringt Oma Kaffee.	_____

LEKTION 8

Die Woche

der **Montag**, -e	der **Freitag**, -e
der **Dienstag**, -e	der **Samstag**, -e
der **Mittwoch**, -e	der **Sonntag**, -e
der **Donnerstag**, -e	

					Wochenende	
Montag	Dienstag	Mittwoch	Donnerstag	Freitag	Samstag	Sonntag

Willis Wochenplan

1 die **Wọche**, -n   Eine Woche hat sieben Tage. _____

  der **Wọchenplan**, -pläne   Das macht Willi: Hier ist Willis _____

                            Wochenplan. _____

  das **Brọt**, -e   Mein Brot ist in der Brotdose. _____

  die **Sụppe**, -n   Ich esse gern Suppe und Brot. _____

  der **Brịef**, -e   Sie schreibt gern Briefe. _____

  der **Kụchen**, -   Isst du gern Kuchen? _____

  die **Blụme**, -n   Die Blumen sind im Garten. _____

  gịeßen, gießt   Willi gießt die Blumen. _____

  bạcken, bạckt   Willi backt gern Kuchen. _____

  sạuber machen, macht   Willi macht das Zimmer sauber. _____

    sạuber

  ạbholen, holt ạb   Das Buch holt er am Montag ab. _____

  reparịeren, reparịert   Mein Fahrrad fährt nicht. Vater _____

                            repariert es. _____

2 das **Wọchenende**, -n   Samstag und Sonntag sind das _____

                            Wochenende. _____

3 **sọnntags**   Das machen wir am Sonntag: _____

                            Sonntags gehen wir immer _____

                            spazieren. _____

  nịe   Ich tanze nicht gern. Ich tanze nie. _____

5 **ạm**   Oma und Opa kommen am _____

                            Montag. _____

  wạnn   Wann kommen Oma und Opa? _____

L8 Katherinas Tagesplan

6	der **Tagesplan**, -pläne	Was macht Katherina heute? Wie ist ihr Tagesplan?	_____
	aufräumen, räumt **auf**	Sie macht sauber und räumt das Zimmer auf.	_____
	rechnen, **rechnet**	Ich rechne: 2+7=9	_____
	aufstehen, steht **auf**	Ich stehe auf.	_____
	die **Klasse**, -n	In der Klasse sind 26 Kinder.	_____
	zuhören, hört **zu**	Die Kinder hören zu.	_____
	fernsehen, sieht **fern**	Oma sieht im Wohnzimmer fern.	_____
	zurückkommen, kommt **zurück**	Gehst du in die Schule? Wann kommst du zurück?	_____
	nach Hause	Wir machen einen Ausflug und kommen am Sonntag nach Hause.	_____
	die **Freundin**, -nen	Lisa ist toll. Sie ist meine Freundin.	_____
	vorlesen, liest **vor**	Katherina liest vor.	_____
	die **Geschichte**, -n	Liest du die Geschichte vor?	_____
	schlafen gehen, geht **schlafen**	Wann gehst du schlafen?	_____
	anrufen, ruft **an**	Wir telefonieren. Ich rufe dich an.	_____
	einpacken, packt **ein**	Ich packe meine Schulsachen ein.	_____
	aufmachen, macht **auf**	Er macht die Schultasche auf.	_____
	morgens	Morgens stehe ich auf.	_____
	der **Vo**rmittag, -e	Am Vormittag lerne ich.	_____
	vormittags	Vormittags bin ich in der Schule.	_____
	der **Mittag**, -e	Am Mittag gehe ich nach Hause.	_____

m̲ittags	Mittags essen wir.	
der **N̲achmittag, -e**	Am Nachmittag mache ich	
	Hausaufgaben.	
n̲achmittags	Nachmittags spiele ich auch.	
a̲bends	Abends sehe ich oft fern.	

Schulfächer und Stundenplan

8 das **Schu̲lfach, -fächer**	Deutsch ist ein Schulfach.	
das **De̲utsch**	Ich lerne Deutsch.	
das **E̲nglisch**	Lernst du auch Englisch?	
die **Mathemat̲ik**	Ich rechne gern. Mathematik ist toll.	
die **Religi̲on, -en**	Am Dienstag haben wir Religion.	
die **E̲rdkunde**	Erdkunde ist gut.	
die **Biolog̲ie**	Biologie ist toll.	
die **Gesch̲ichte**	Geschichte ist fantastisch.	
die **Ku̲nst**	Ich male gern. Kunst ist toll.	
9a der **Stu̲ndenplan, -pläne**	Wann hast du Deutsch? – Hier ist	
	mein Stundenplan: Am Montag.	
die **Stu̲nde, -n**	Sport habe ich am Montag, zweite	
	Stunde.	
10a (gut) **f̲inden, f̲indet (gut)**	Ich finde Sport gut.	
Si̲e	Frau Meyer, was machen Sie gern?	
ga̲nz (gut)	Musik finde ich doof, aber	
	Erdkunde finde ich ganz gut.	
blö̲d	Mathematik finde ich blöd.	
do̲of	Fußball finde ich doof.	

das **Lieblingsfach**, -fächer	Mein Lieblingsfach ist Sport.	_____
12 **jeden Tag**	Max hat jeden Tag sechs Stunden.	_____
fünfmal	Wir haben fünfmal in der Woche Schule.	_____
zweimal	Zweimal haben wir Sport.	_____
13 der **Text**, -e	Julia liest den Text vor.	_____
Comic **sagen**, sagt	Er sagt: „Guten Tag."	_____

LEKTION 9

Die Monate

der **Januar**	der **Juli**
der **Februar**	der **August**
der **März**	der **September**
der **April**	der **Oktober**
der **Mai**	der **November**
der **Juni**	der **Dezember**

Willis Kalender

1 der **Kalender**, -	Im Kalender findest du alle Monate.	_____
bauen, baut	Herr Müller baut ein Haus.	_____
der **Schneemann**, -männer	Im Januar baut Willi einen Schneemann.	_____
feiern, feiert	Simon feiert eine Party.	_____
der **Karneval**, -s	Im Februar ist Karneval.	_____

28

spazieren gehen, geht spazieren	Sonntags gehen wir immer spazieren.	_____
der **Park**, -s	Wir gehen im Park spazieren.	_____
das **Ostern**, -	Ostern feiern wir im März oder April.	_____
arbeiten, arbeitet	Meine Eltern arbeiten jeden Tag.	_____
kaufen, kauft	Ich habe 15 Euro. Ich kaufe eine CD.	_____
das **Eis**, -	Im Juni esse ich gern Eis.	_____
das **Meer**, -e	Willi schwimmt gern im Meer.	_____
die **Ferien** (Pl.)	Im August haben wir Ferien.	_____
anfangen, fängt an	Die Ferien fangen im Juli an.	_____
der **Drachen**, -	Willi baut einen Drachen.	_____
der **Geburtstag**, -e	Am 11. November ist Willis Geburtstag.	_____
das **Weihnachten**, -	Weihnachten fängt am 24. Dezember an.	_____

Das Lied von den Jahreszeiten

der **Winter**, -

der **Frühling**, -e

der **Sommer**, -

der **Herbst**, -e

3 die **J**<u>a</u>hreszeit, -en — Das Jahr hat vier Jahreszeiten. _____

kl<u>a</u>**r** — Ist das klar? _____

d<u>a</u>**nn** — Es ist Oktober. Dann kommt

November. _____

Julia Schult feiert Geburtstag

5 der **M**<u>o</u>**nat**, -e — Ein Jahr hat zwölf Monate. _____

v<u>o</u>**r** — März kommt vor April. _____

n<u>a</u>**ch** — April kommt nach März. _____

7 der **Fr**<u>eu</u>**nd**, -e — Mark ist mein Freund. Wir spielen

oft zusammen Fußball. _____

Einladung zum Geburtstag

8 die <u>**Ei**</u>**nladung**, -en — Ich mache ein Fest. Hier ist die

Einladung. _____

z<u>u</u>**m** — Ich gehe zum Geburtstag von Jan. _____

na kl<u>a</u>**r** — Kommst du mit? – Na klar! _____

w<u>e</u>**n** — Wen lädt Lukas ein? _____

<u>**ei**</u>**nladen**, lädt <u>ei</u>n — Er lädt alle Kinder zum Geburtstag

ein. _____

n<u>o</u>**ch** — Rajka hat noch keine Einladung. _____

der **Cous**<u>i</u>**n**, -s — Mein Cousin Mark ist der Sohn

von Tante Monika und Onkel Fred. _____

die **Cous**<u>i</u>**ne**, -n — Meine Cousine Laura ist die Tochter

von Tante Britt und Onkel Jörg. _____

m<u>ö</u>**chten**, m<u>ö</u>chtet — Was möchtest du zum Geburtstag? _____

nichts	Ach, ich möchte nichts.	
nun	Nun sind alle da. Wir fangen jetzt an.	
na gut	Na gut, ich komme.	
okay	Das ist gut. Es ist okay.	
danke (für)	Danke für die Einladung.	
bis	Das Fest ist am Samstag. Tschüs, bis Samstag!	

Geschenke zum Geburtstag

9a das **Geschenk**, -e	Tina hat Geburtstag. Ich kaufe ein Geschenk.	
das **Handy**, -s	Ich möchte ein Handy zum Geburtstag.	
9b das **Tier**, -e	Hund und Pferd sind Tiere.	

Feste und Feiertage

10 das **Silvester**, -	Silvester ist am 31. Dezember.	
der **Muttertag**, -e	Am Muttertag mache ich Mama ein Geschenk.	
11 der **Feiertag**, -e	Am Feiertag arbeitet mein Vater nicht.	
man	In Deutschland sagt man „Guten Tag!". In der Schweiz sagt man „Grüezi!".	
stehen, steht	Ich will nicht sitzen, ich will stehen.	

z**u**	Kommt Nina auch zu Oma Lotte?	
bekommen, bekommt	Zum Geburtstag bekommt man Geschenke.	
froh	Zu Weihnachten sagt man: „Frohe Weihnachten!"	
verstecken, versteckt	Hannes versteckt mein Buch. Wo ist es?	
tragen, trägt	Ich mache Sport. Ich trage Turnzeug.	
das **Kostüm**, -e	Zu Karneval trägt man ein Kostüm.	
rufen, ruft	Wo ist Marie? Ich rufe: „Marie!"	
Comic der **Schüler**, -	Die Schüler kommen von der	
die **Schülerin**, -nen	Schule nach Hause zurück.	
der **Unterricht**	Heute ist kein Unterricht.	

LEKTION 10

Die Uhrzeit

1 die **U**hrzeit, -en   Marie liest die Uhrzeit.   _____

  das **Vi**ertel, -   Es ist 8.15 Uhr, Viertel nach acht.   _____

                              _____

                              _____

  halb   Es ist 8.30 Uhr, halb neun.   _____

                              _____

                              _____

  sp**ä**t   Wie spät ist es?   _____

  wie v**ie**l   Wie viel Uhr ist es?   _____

2 der **A**bflug, **A**bflüge   Um 10 Uhr ist der Abflug nach   _____

         München.   _____

  fl**ie**gen, fl**ie**gt   Der Vogel fliegt.   _____

  das **Flu**gzeug, -e   Das Flugzeug fliegt nach Wien.   _____

  n**a**ch   Der Zug fährt nach Stuttgart.   _____

  um   Um sieben Uhr sehe ich einen Film   _____

         im Fernsehen.   _____

  Wie bitte?   Ich höre nicht richtig. Wie bitte?   _____

         Was sagst du?   _____

  b**i**tte   Kommst du bitte?   _____

Ein Montag bei Familie Berger

3 fr**ü**hstücken, fr**ü**hstückt   Morgens frühstücken wir.   _____

  das **Bür**o, -s   Herr Kunz arbeitet im Büro.   _____

  einkaufen, kauft **ei**n   Leni kauft Spagetti ein.   _____

4	das **Theater**, -	Ich gehe gern ins Kino und ins Theater.	_____
5	**mitkommen**, kommt mit	Wir gehen schwimmen. Kommst du mit?	_____
	können, kann	Kannst du um fünf Uhr?	_____
	schade	Schade, ich kann nicht mitkommen.	_____
	leider	Ich möchte gern. Aber ich kann leider nicht.	_____

Veranstaltungskalender: Kinder- und Jugendhaus „Sonnenblume"

6	der **Veranstaltungs-kalender**, -	Im Jugendhaus gibt es viele Sachen. Hast du einen Veranstaltungskalender?	_____
	die **Sendung**, -en	Sendungen gibt es im Fernsehen und im Radio.	_____
	das **Haustier**, -e	Katze und Hund sind Haustiere.	_____
	pflücken, pflückt	Ich pflücke eine Blume im Garten.	_____
	die **Fahrt**, -en	Die Fahrt nach Hamburg ist toll.	_____
	der **Ballon**, -s	Der Ballon ist rot.	_____
	über	Das Flugzeug fliegt über das Meer.	_____
	der **Fußball-Klub**, -s	Jan spielt gern Fußball. Er ist im Fußball-Klub.	_____
	das **Pokalspiel**, -e	Sonntags hat er oft Pokalspiele.	_____
	wie	Wir malen wie Picasso.	_____
	das **Video**, -s	Wir spielen Theater und machen ein Video.	_____

basteln, b**a**stelt	Ich bastele gern mit Papier und Klebstoff.	_____
lieben, l**ie**bt	Sie mag Musik gern. Sie liebt Klaviermusik sehr.	_____
für	Ich kaufe Blumen für meine Mutter.	_____
dauern, d**au**ert	Der Unterricht dauert von 8 Uhr bis 13 Uhr.	_____

Käpten Kalles Erzählstunde

7 **erzählen**, erz**ä**hlt	Frau Müller erzählt eine Geschichte.	_____
die **Reise**, -n	Die Reise war lang.	_____
früher	Früher war Kalle Kapitän.	_____
der **Kapitän**, -e	Der Kapitän hat ein Schiff.	_____
unterwegs	Kalle war viel unterwegs.	_____
an Bord	Kalle hatte Kaffee an Bord.	_____
der **Reis**	In China isst man Reis.	_____
der **Fisch**, -e	Im Meer gibt es Fische.	_____
der **Tee**	Morgens trinke ich Tee.	_____
die **Orange**, -n	Ich esse gern Orangen.	_____
das **Holz**, Hölzer	Im Wald liegt Holz.	_____
die **Jahreszahl**, -en	1999 ist eine Jahreszahl, 2003 auch.	_____
tausend	1000	_____
8 das **Museum**, Museen	Im Museum sind viele Dinge alt.	_____

Länder und Städte

Deutschland ↓ Berlin	Alaska
Österreich ↓ Wien	Brasilien
die Schweiz ↓ Bern	China
	Indien
	Japan
	Kanada
	Russland
	Spanien

Ballonfahrt für Kinder

9   **kosten**, kostet   Die CD kostet 15 Euro.   _____

    ab   Ab Samstag haben wir Ferien.   _____

    mitfahren, fährt mit   Alle gehen an Bord. Ich fahre mit.   _____

    mithelfen, hilft mit   Alle räumen auf. Ich helfe auch mit.   _____

    zuerst   Zuerst fahren wir Auto, dann

                                     fahren wir Zug.   _____

    mit   Ich kaufe mit Mama ein.   _____

    füllen, füllt   Wir füllen Luft in den Ballon.   _____

    heiß   Das Essen ist noch heiß.   _____

    die **Luft**, Lüfte   Im Ballon ist Luft.   _____

    der **Pilot**, -en   Der Pilot fliegt das Flugzeug.   _____

    steigen, steigt   Wir steigen in den Zug.   _____

    oben   Siehst du den Vogel da oben?   _____

    der **Meter** (m), -   Ich gehe 500 Meter. Dann bin ich

                                       zu Hause.   _____

hoch	Ein Flugzeug fliegt sehr hoch.	_____
der **Kilometer** (km), -	1000 Meter sind ein Kilometer.	_____
aussehen, sieht **aus**	Von oben sieht die Stadt sehr klein aus.	_____
landen, landet	Um 10 Uhr landet das Flugzeug in Frankfurt.	_____
die **Erde**	Die Erde ist rund.	_____
das **Zertifikat**, -e	Ich kann gut Deutsch. Ich bekomme ein Zertifikat.	_____
der **Name**, -n	Mein Name ist Laura.	_____
die **Zeile**, -n	Wie viele Zeilen hat der Text?	_____
11 **wie lange**	Wie lange sind sie im Theater?	_____
Comic **morgen**	Morgen machen wir einen Ausflug.	_____
die **Tafel**, -n	Eine Tafel ist schwarz oder grün.	_____
gestern	Gestern war ich im Museum. Heute gehe ich in die Schule.	_____

LEKTION 11

Willis Tierlexikon

1 das **Lexikon**, Lexika	Das Lexikon ist ein Buch.	_____
das **Nashorn**, Nashörner	Nashörner sind groß und schwer.	_____
das **Kilogramm** (kg), -	Das Nashorn ist 2000 Kilogramm schwer.	_____
gefährlich	Löwen sind gefährlich.	_____
können, kann	Ich kann nicht singen.	_____

schnell	Das Auto fährt schnell.	
laufen, läuft	Wir fahren nicht, wir laufen.	
fressen, frisst	Wir essen und die Tiere fressen.	
die **Pflanze**, -n	Blumen sind Pflanzen.	
die **Schlange**, -n	Schlangen sind lang und dünn.	
kriechen, kriecht	Schlangen kriechen.	
das **Fleisch**	Der Löwe frisst Fleisch.	
der **Affe**, -n	Affen können gut klettern.	
die **Robbe**, -n	Robben schwimmen im Wasser.	
tauchen, taucht	Robben können gut tauchen.	
robben, robbt	Robben können nicht gehen, sie robben.	
der **Tiger**, -	Tiger sind gefährlich.	
springen, springt	Kängurus können hoch springen.	
das **Krokodil**, -e	Krokodile leben im Fluss und im Meer.	
der **Elefant**, -en	Elefanten sind groß, grau und schwer.	
der **Zentimeter** (cm), -	100 Zentimeter sind ein Meter.	
2 der **Pinguin**, -e	Der Pinguin ist ein Vogel. Er kann nicht fliegen, aber tauchen.	
die **Schildkröte**, -n	Schildkröten können nicht schnell laufen.	
das **Stachelschwein**, -e	Das Stachelschwein ist braun.	
die **Giraffe**, -n	Giraffen fressen Pflanzen.	
der **Eisbär**, -en	Eisbären fressen Fleisch und Fisch.	

der **Storch**, Störche | Der Storch frisst gern Frösche und Fische. | _____

der **Flamingo**, -s | Flamingos sind rosa. | _____

das **Kamel**, -e | Das Kamel kann sehr viel trinken. | _____

der **Schwan**, Schwäne | Der Schwan schwimmt gut. | _____

Was Tiere können

3 **fragen**, fragt | Ich frage Lis und sie gibt eine Antwort. | _____

alles | Mäppchen, Heft, Buch, Malkasten, alles ist in der Schultasche. | _____

bleiben, bleibt | Ich gehe nicht. Ich bleibe hier. | _____

laut | Mama ruft laut: „Kommt zum Essen!" | _____

fauchen, faucht | Katzen, Tiger und Löwen fauchen. | _____

Im Zoo

4 der **Wolf**, Wölfe | Der Wolf frisst Fleisch. | _____

der **Bär**, -en | Bären fressen gern Fisch. | _____

der **Adler**, - | Der Adler ist ein Vogel. | _____

Die fünf Kontinente

Afrika

Amerika

Asien

Australien

Europa

Erlebnis-Zoo

5 der **Käfig**, -e   Der Käfig für die Löwen ist groß.   _____

     frei   Der Vogel ist nicht im Käfig. Er ist   _____

                   frei.   _____

     herumlaufen, läuft   Der Garten ist groß. Der Hund läuft   _____

       herum   frei im Garten herum.   _____

     das **Versteck**, -e   Mein Versteck ist im Keller.   _____

     allein   Du gehst nicht mit. Ich gehe allein.   _____

     die **Natur**   In der Natur gibt es Pflanzen und   _____

                   Tiere.   _____

     das **Tierbaby**, -s   Im Frühling bekommen viele Tiere   _____

                   Tierbabys.   _____

     das **Junge**, -n   Meine Katze hat drei Junge.   _____

     das **Futter**   Fleisch ist das Futter für Tiger.   _____

     selbst   Ich mache das allein. Ich kann das   _____

                   selbst machen.   _____

6 **besonders**   Pinguine tauchen besonders gut.   _____

Der Elefant

8 **stark**   Elefanten sind sehr stark.   _____

     kräftig   Der Elefant ist kräftig. Er kann viele   _____

                   Sachen tragen.   _____

     werden, wird   Elefanten werden alt. Sie können   _____

                   100 Jahre alt werden.   _____

     das **Ohr**, -en   Die Ohren von Elefanten sind groß.   _____

     breit   Das Bett ist breit.   _____

kostbar	Wasser ist kostbar.	_____
verboten	Hier kann man nicht laut singen. Es ist verboten.	_____
der **Rüssel**, -	Der Elefant hat einen Rüssel.	_____
die **Nase**, -n	Der Rüssel ist die Nase.	_____
das **Bein**, -e	Ein Löwe hat vier Beine, ein Storch hat nur zwei Beine.	_____
das **Auge**, -n	Wir sehen mit den Augen.	_____
der **Schwanz**, Schwänze	Viele Tiere haben einen Schwanz.	_____
pro	Der Elefant läuft bis zu 40 km pro Stunde.	_____
der **Mensch**, -en	Du bist ein Mensch.	_____
der **Baum**, Bäume	Im Wald sind viele Bäume.	_____
der **Eimer**, -	Im Eimer ist Wasser.	_____
heben, hebt	Kannst du den Eimer heben?	_____
ziehen, zieht	Das Pferd zieht die Kutsche.	_____
die **Tür**, -en	Jedes Zimmer hat eine Tür.	_____
öffnen, öffnet	Ich öffne die Tür.	_____
der **Wasserhahn**, -hähne	Ich brauche Wasser. Wo ist der Wasserhahn?	_____
aufdrehen, dreht **auf**	Ich drehe den Wasserhahn auf.	_____
9 **besuchen**, besucht	Morgen besuchen wir Oma.	_____
11 **gar**	Ich kann gar nicht gut rechnen.	_____
Comic **super**	Er findet Pferde super.	_____
spitze	Nicole findet Tiger spitze.	_____
tief	Das Meer ist tief.	_____

LEKTION 12

Die Zauberschule

1 der **Löffel**, -   Ich brauche einen Löffel für die

                                     Suppe.

    mischen, mischt   Ich mische Salz und Pfeffer.

    etwas   Ich brauche noch etwas Salz für die

                                       Suppe.

    das **Salz**   Salz ist weiß.

    der **Pfeffer**   Pfeffer ist schwarz.

    geben, gibt   Ich gebe Salz und Pfeffer in die

                                         Suppe.

    der **Teller**, -   Ich will essen. Wo ist mein Teller?

    nehmen, nimmt   Ich nehme noch etwas Suppe.

    reiben, reibt   Ich reibe meine Augen.

    halten, hält   Ich halte deine Schultasche.

    an   Ich gehe an den Fluss.

    das **Glas**, Gläser   Ich will trinken. Wo ist ein Glas?

    legen, legt   Ich lege das Buch auf den Tisch.

    die **Pappe**, -n   Papier ist dünn. Pappe ist dick.

    festhalten, hält fest   Sie hält den Teller fest.

    umdrehen, dreht um   Er dreht das Glas um.

    vorsichtig   Ich halte das Tierbaby vorsichtig

                                           fest.

    wegziehen, zieht weg   Ich ziehe den Stuhl weg.

    die **Hand**, Hände   Du hast zwei Hände.

    langsam   Die Schnecke kriecht langsam.

    die **Tasse**, -n   Ich möchte Tee. Hier ist meine Tasse.

die **Postkarte**, -n	Sie schreibt eine Postkarte aus Wien.	
falten, faltet	Papier kann man falten.	
stellen, stellt	Er stellt das Glas auf den Tisch.	
2 **loslaufen**, läuft los	Bleib hier! Lauf nicht los!	
anmachen, macht an	Er will fernsehen. Er macht den Fernseher an.	
das **Licht**, -er	Es ist Nacht. Ich kann nichts sehen und mache das Licht an.	
aufpassen, passt auf	Im Unterricht passen die Kinder gut auf.	
zumachen, macht zu	Er macht die Tür zu.	
das **Fenster**, -	Das Haus hat eine Tür und Fenster.	
still	Sei still! Ich will nichts hören!	
die **Ruhe**	Ich brauche Ruhe. Ich will schlafen.	
sprechen, spricht	Sie spricht sehr leise. Man hört sie schlecht.	
leise	Ruhe! Sei leise!	
mitnehmen, nimmt mit	Ich nehme die Zeitung mit.	
zurückgeben, gibt zurück	Ich gebe das Buch zurück.	
3 **rausgehen**, geht raus	Du kannst nicht bleiben. Geh bitte raus!	
das **Wort**, Wörter	Hier stehen viele Wörter.	

ausmachen, macht **aus**   Mach bitte die Lampe aus!   _____

Zirkus Zimpanelli

4   der **Zirkus,** -se   Heute kommt der Zirkus nach   _____

Berlin.   _____

gehören, gehört   Das ist das Buch von Linda. Es   _____

gehört Linda.   _____

seit   Sie üben seit drei Monaten.   _____

die **Vorstellung,** -en   Die Vorstellung fängt abends um   _____

8 Uhr an.   _____

überall   Zirkus Zimpanelli gibt überall in   _____

Deutschland Vorstellungen.   _____

Frankreich   Frankreich liegt in Europa.   _____

Italien   Italien liegt in Europa.   _____

Dänemark   Dänemark liegt in Europa.   _____

die **Leute** (Pl.)   Viele Menschen gehen in den   _____

Zirkus. Die Leute wollen die Tiger   _____

und Löwen sehen.   _____

5   der **Zirkusdirektor,** -en   Ernesto Zimpanelli ist der   _____

Zirkusdirektor.   _____

der **Clown,** -s   Clowns arbeiten im Zirkus. Sie   _____

machen Quatsch.   _____

der **Zauberer,** -   _____

_____

_____

der **Artist**, -en   Artisten arbeiten im Zirkus.

der **Dompteur**, -e   Dompteure arbeiten mit Tigern,

    Löwen und Bären.

der **Leopard**, -en   Der Dompteur hat auch

    Leoparden.

das **Seil**, -e   Die Artisten tanzen über das Seil.

Probe bei Zirkus Zimpanelli

6   die **Probe**, -n   Wir üben für die Vorstellung und

    machen eine Probe.

   der **Wagen**, -

   fallen, fällt   Der Drache springt nicht. Er fällt.

   neben   Er fällt neben den Stuhl.

   hinter   Die Maus läuft hinter den Schrank.

7   **unter**   Die Katze kriecht unter das Sofa.

8   die **Kiste**, -n   Ich lege die Bücher in die Kiste.

   wohin   Wohin gehst du? Wohin fährst du?

    Wohin fliegst du?

Schule für Zirkuskinder

9a **ungefähr**   Ich habe ungefähr 20 CDs.

   die **Aufgabe**, -n   Zirkuskinder haben viele

    Aufgaben.

   pflegen, pflegt   Anna pflegt die Tiere gern.

füttern, füttert	Heute füttere ich die Pferde.	
das **Problem**, -e	Ich habe ein Problem. Kannst du helfen?	
die **Zeit**, -en	Die Uhr zeigt die Zeit an.	
manchmal	Meine Hausaufgaben mache ich immer. Nur manchmal mache ich sie nicht.	
das **Klassenzimmer**, -	In der Schule sind viele Klassenzimmer.	
aufgeben, gibt auf	Die Lehrerin gibt Hausaufgaben auf.	
mitmachen, macht mit	Ich habe keine Zeit. Ich kann nicht mitmachen.	
die **Überschrift**, -en	Wie heißt die Überschrift von deinem Text?	
der **Autor**, -en	Ein Autor schreibt Bücher oder Texte.	
der **Absatz**, Absätze	Der Text hat vier Absätze.	
10 aussprechen, spricht aus	Wie spricht man deinen Namen aus?	
Comic **zeigen**, zeigt	Ich zeige einen Zaubertrick.	
jetzt	Ich kann jetzt nicht kommen. Ich habe keine Zeit.	
plötzlich	Es ist ganz still. Plötzlich ruft Rita: „Hilfe! Eine Maus!"	

LEKTION 13

Essen und Trinken

1 die **Milch**	Er trinkt gern Milch.	
die **Marmelade**, -n	Ich esse ein Stück Brot mit Marmelade.	
die **Apfelsine**, -n	Apfelsinen kommen aus Spanien, Italien oder Griechenland.	
die **Wurst**, Würste	Wurst macht man aus Fleisch.	
die **Möhre**, -n	Möhren sind orange.	
die **Tomate**, -n		
das **Ei**, -er	Morgens esse ich ein Ei.	
die **Gurke**, -n		
der **Jogurt**, -s	Der Jogurt ist aus Milch.	
der **Honig**	Morgens esse ich gern Brötchen mit Honig.	
der **Kakao**	Kakao kann man trinken.	
der **Keks**, -e	Kekse backt man gern zu Weihnachten.	
das **Brötchen**, -	Sonntags essen wir immer Brötchen.	
die **Butter**	Butter macht man aus Milch.	
die **Kartoffel**, -n	Ich esse gern Kartoffeln.	
der **Apfel**, Äpfel	Pferde fressen gern Äpfel.	
der **Saft**, Säfte	Ich trinke gern Saft.	
der **Lachs**, -e	Der Lachs ist ein Fisch.	

die **W**eintrauben (Pl.) — Weintrauben sind grün oder blau. _____

der **K**äse — Ich möchte Käse auf das Brot. _____

die **B**irne, -n — Ich esse gern Birnen. _____

das **O**bst — Äpfel, Birnen und Apfelsinen sind Obst. _____

das **G**emüse — Möhren, Kartoffeln und Tomaten sind Gemüse. _____

das **G**etränk, -e — Limo und Apfelsaft sind Getränke. _____

die **B**ackware, -n — Brot, Brötchen und Kuchen sind Backwaren. _____

das **M**ilchprodukt, -e — Käse, Jogurt und Butter sind Milchprodukte. _____

2 **schmecken**, schmeckt — Das Essen schmeckt sehr gut. _____

mögen, mag — Ich spiele gern mit Anton. Ich mag Anton. _____

3 **süß** — Die Marmelade ist süß. _____

sauer — Äpfel können sauer sein. _____

salzig — Das Wasser im Meer ist salzig. _____

kalt — Eis ist kalt. _____

lecker — Die Torte schmeckt sehr gut. Sie ist lecker. _____

furchtbar — Die Suppe ist sehr salzig. Sie schmeckt furchtbar. _____

welcher, welches, welche — Welcher Jogurt schmeckt dir am besten? _____

das **N**ahrungsmittel, - — Nahrungsmittel kann man essen. _____

Schulkiosk

4 der **Kiosk**, -e — Am Kiosk kann man Getränke, Brötchen und Würstchen kaufen. _____

die **Speise**, -n — Speisen kann man essen. _____

das **Würstchen**, - — Ich esse gern Würstchen mit Kartoffelsalat. _____

der **Cent**, - — 100 Cent sind ein Euro. _____

ihn — Der Kuchen sieht gut aus. Ich nehme ihn. _____

Restaurant Hexenberg

6 das **Restaurant**, -s — Im Restaurant kann man essen. _____

die **Hexe**, -n — Die Hexe kocht Zaubersuppe. _____

dich — Was willst du? Was kann ich für dich machen? _____

mich — Ich möchte Suppe. Für mich bitte eine Tomatensuppe. _____

euch — Ich mag euch gern. _____

uns — Wir möchten Eis. Kauf bitte ein Eis für uns! _____

In der Bäckerei

7 die **Bäckerei**, -en — In der Bäckerei kauft man Brot, Brötchen und Kuchen. _____

der **Bäcker**, - — Ein Bäcker backt Brot, Brötchen und Kuchen. _____

müssen, muss   Es ist schon spät. Ich muss nach

Hause gehen.

die **Mütze**, -n   Bäcker tragen eine Mütze.

der **Teig**, -e   Das hier ist Teig für Brot und

Brötchen.

fertig   Kinder, kommt ins Esszimmer! Das

Essen ist fertig!

kneten, knetet   Einen Brotteig muss man kneten.

rollen, rollt   Einen Ball kann man rollen.

dekorieren, dekoriert   Eine Torte kann man mit

Schokolade dekorieren.

der **Appetit**   Hier ist das Essen. Guten Appetit!

8b **danach**   Wir gehen schwimmen. Danach

essen wir Suppe.

9   der **Koch**, Köche   Der Koch kocht das Essen.

Comic der **Pudding**, -s   Er isst gern Schokoladenpudding.

die **Nachspeise**, -n   Pudding ist eine Nachspeise.

das **Vitamin**, -e   Obst hat viele Vitamine.

---

zuerst	Zuerst nehmen wir Mehl, Butter und Milch.
nun	Nun kneten wir den Teig.
dann	Dann machen wir Kekse aus dem Teig.
danach	Danach backen wir die Kekse.
zum Schluss	Zum Schluss essen wir die Kekse.

LEKTION  14

Reisen machen

1 der A̱norak, -s   Es ist kalt. Ich trage einen Anorak. _____

der Ḇadeanzug, -anzüge   Im Schwimmbad trägt Paula einen _____

Badeanzug. _____

die Ḇadehose, -n   Lukas trägt eine Badehose. _____

die Bḻuse, -n   Frau Schlau trägt eine Bluse. _____

der Gürtel, -   Der Gürtel hält die Hose. _____

der H̱andschuh, -e   Es ist kalt. Ich brauche _____

Handschuhe. _____

das H̱emd, -en   Herr Schlau trägt ein Hemd. _____

die H̱ose, -n   Ich trage gern Hosen. _____

der H̱ut, Hüte   Ich fahre nach Italien. Ich nehme _____

meinen Hut mit. _____

die J̱acke, -n   Im Frühling und Herbst braucht _____

man oft eine Jacke. _____

die J̱eans (Pl.)   Jeans sind Hosen. _____

das Kḻeid, -er   Mädchen und Frauen tragen _____

manchmal Kleider. _____

der M̱antel, M̱äntel   Im Winter kann man einen Mantel _____

tragen. _____

der Pulḻover, -   Pullover trägt man im Winter. _____

der Ṟock, Ṟöcke   Mädchen und Frauen tragen _____

manchmal Röcke. _____

die Sanḏale, -n   Sandalen trägt man im Sommer. _____

der Scẖal, -s   Im Winter braucht man oft einen _____

Schal. _____

der **Sch<u>u</u>h**, -e	Ich will spazieren gehen. Wo sind meine Schuhe?	
die **S<u>o</u>cke**, -n	Im Winter trägt man Socken.	
der **St<u>ie</u>fel**, -	Es ist kalt. Ich trage Stiefel.	
der **Str<u>u</u>mpf**, Strümpfe	Die Strümpfe von Anna sind rosa.	
die **Str<u>u</u>mpfhose**, -n	Es ist kalt. Ich brauche eine Strumpfhose.	
das **T-Shirt**, -s	Im Sommer trägt man oft T-Shirts.	
<u>i</u>hr, <u>i</u>hre	Sie packt ihr T-Shirt und ihre Bluse ein.	
s<u>ei</u>n, s<u>ei</u>ne	Er packt sein Hemd und seine Jeans ein.	
der **K<u>o</u>ffer**, -	Auf Reisen braucht man einen	
der **R<u>u</u>cksack**, -säcke	Koffer oder einen Rucksack.	
die **<u>A</u>lpen** (Pl.)	Der Königssee liegt in den Alpen.	
2 der **B<u>e</u>rg**, -e	Jan klettert gern auf Berge.	
die **N<u>o</u>rdsee**	Die Nordsee ist ein Meer.	
die **<u>O</u>stsee**	Die Ostsee ist ein Meer.	
die **<u>I</u>nsel**, -n	Die Insel liegt im Wasser.	
der **S<u>ee</u>**, -n	Das Schiff fährt über den See.	
r<u>ei</u>sen, r<u>ei</u>st	Wir reisen nach Spanien.	
4 der **Str<u>a</u>nd**, Str<u>ä</u>nde	Am Meer gibt es viele Strände.	
der **Fl<u>u</u>g**, Fl<u>ü</u>ge	Der Flug geht nach Paris. Wir fliegen um 8 Uhr.	
<u>euer</u>, <u>eu</u>re	Hier ist euer Koffer. Aber wo ist eure Kamera?	

unser, unsere	Hier ist unsere Tasche. Aber wo ist unser Koffer?	
langweilig	Die Schüler hören nicht zu. Der Unterricht ist langweilig.	
interessant	Der Unterricht ist interessant und alle Schüler hören zu.	

Willis Wetterbericht

5 **windig**	Es ist windig. Der Drachen fliegt gut.	
regnen, regnet	Im November regnet es oft.	
wolkig	Es ist wolkig. Es kann noch regnen.	
schneien, schneit	Es schneit! Wir können einen Schneemann bauen.	
die **Sonne**	Es ist nicht wolkig. Man kann die Sonne sehen.	
scheinen, scheint	Die Sonne scheint.	
sonnig	Es ist sonnig. Ich liege am Strand.	
warm	In der Sonne ist es warm.	

Wettervorhersage für Deutschland am 14. Juni

6a das **Wetter**	Das Wetter ist manchmal kalt und wolkig, manchmal ist es aber auch warm und sonnig.	
der **Norden**	Stockholm liegt im Norden von Europa.	
der **Süden**	Athen liegt im Süden von Europa.	

der Osten

Moskau liegt im Osten von Europa.

der Westen

Madrid liegt im Westen von

Europa.

mehr

Es regnet mal mehr, mal weniger.

meist

In Italien regnet es nicht oft, meist

scheint die Sonne.

bewölkt

Es ist wolkig. Es ist bewölkt.

die Wolke, -n

Man kann die Sonne nicht sehen.

Es hat viele Wolken.

wenig

Heute regnet es manchmal, aber

nur wenig.

der Regen

Es ist wolkig. Der Regen kommt.

schwach

Es regnet heute wenig, der Regen

ist schwach.

der Wind, -e

Es hat Wind. Nimm deinen

Drachen mit!

trocken

Es regnet nicht, es ist trocken.

nachts

Nachts schlafe ich.

der Grad, -e

Heute ist es heiß. Es sind 32 Grad.

7 anziehen, zieht an

Morgens ziehe ich meine Sachen

an.

wandern, wandert

Ich brauche Stiefel. Ich wandere

gern.

die Disko, -s

Ich tanze gern. Ich will in die

Disko.

baden, badet

Ich bade gern im Meer.

8 **links** In England fährt man links. _____

rechts Rechts siehst du den Wald. _____

die **Mitte**, -n In der Mitte von „Mitte" sind zwei t. _____

Julios Ferienrätsel

9a die **Pension**, -en Eine Pension ist ein kleines Hotel. _____

unten Die Wolken sind oben und die _____

Erde ist unten. _____

die **Terrasse**, -n Im Sommer sitzen wir oft auf der _____

Terrasse. _____

die **Treppe**, -n Nimm die Treppe nach oben. _____

die **Straße**, -n Geh vorsichtig über die Straße! _____

der **Parkplatz**, -plätze Hier stehen viele Autos. Das ist ein _____

Parkplatz. _____

11 **Griechenland** Griechenland liegt im Süden. _____

die **Türkei** Die Türkei liegt in Europa und in _____

Asien. _____

Comic das **Gepäck** Koffer, Rucksack oder Tasche sind _____

Gepäck. _____

die **Tasche**, -n Ich muss viel mitnehmen. Wo ist _____

meine Tasche? _____

die **Tüte**, -n Ich will einkaufen und brauche _____

eine Tüte. _____

die **Klamotten** (Pl.) Hosen, T-Shirts, Röcke, Blusen _____

und Jacken sind Klamotten. _____

Ihr, **Ihre** Frau Schlau, wo ist Ihre Tasche? _____

Quellennachweis

- Umschlagfoto: Ernst Klett Verlag, Thomas Weccard
- Seite 6: Zeichnung Banane: Neil Pinchbeck
- Seite 7: Zeichnung Taxi: Neil Pinchbeck

Alle übrigen Zeichnungen: Eleftherios Xanthos, Athen

Trotz intensiver Bemühungen konnten nicht alle Rechteinhaber ermittelt werden.
Für entsprechende Hinweise ist der Verlag dankbar.